Trainingsplanung mit der extensiven Dauermethode

Naomie Kinkela

Bibliografische Information der Deutschen Nationalbibliothek:

Die Deutsche Nationalbibliothek verzeichnet diese Publikation in der Deutschen Nationalbibliografie; detaillierte bibliografische Daten sind im Internet über http://dnb.d-nb.de abrufbar.

ISBN: 9783346664273
Dieses Buch ist auch als E-Book erhältlich.

Druck und Bindung: Books on Demand GmbH, Norderstedt Germany
Gedruckt auf säurefreiem Papier aus verantwortungsvollen Quellen

Das vorliegende Werk wurde sorgfältig erarbeitet. Dennoch übernehmen Autoren und Verlag für die Richtigkeit von Angaben, Hinweisen, Links und Ratschlägen sowie eventuelle Druckfehler keine Haftung.

Das Buch bei GRIN: https://www.grin.com/document/1234813

Deutsche Hochschule für

Prävention und Gesundheitsmanagement

Hermann Neuberger Sportschule 3

66123 Saarbrücken

Einsendeaufgabe

Fachmodul: Trainingslehre II

Studiengang: Gesundheitsmanagement

Datum
Präsenzphase **26.10.2020 – 28.10.2020**

Name, Vorname: . Kinkela, Naomie

Studienort: **Stuttgart**

Semester: **Wintersemester 2019**

1   Diagnose

1.1   Allgemeine und biometrische Daten

Tabelle 1: Allgemeine Daten

Alter	22
Geschlecht	weiblich
Größe	155 cm
Gewicht	56 kg
Trainingsmotive	Die Ausdauerleistung verbessern, Ruhepuls senken
Berufliche Tätigkeit	Zahnmedizinische Fachangestellte
Sportliche Aktivitäten	Zirkeltraining oder Joggen 1-mal die Woche
Zeitlicher Verfügungsrahmen	Drei Mal die Woche für je 60 min

Tabelle 2: Biometrische Daten

Ruhepuls	75S/min	Der Ruhepuls ist normal zu bewerten da die Normwerte des Ruhepulses zwischen 60 und 80 Schlägen pro Minute liegen (AHA,2016).
Blutdruck	134/88mmHg	Auch der Bluthochdruck ist im systolischen sowie im diastolischen Wert als normal zu bewerten (AHA, 2016).

1.2 Leistungsdiagnostik/Ausdauertestung

Als Testverfahren wird hier der Fahrradergometer der WHO ausgewählt. Da die Testperson nicht regemäßig sportlich aktiv ist, ist diese als untrainiert einzustufen. Um hier eine Überforderung der Testperson zu vermeiden, wird mit der submaximalen Belastungsart gearbeitet. Die Stufendauer von zwei Minuten und die Belastungssteigerung von 25 Watt sorgen dafür, dass die Herzfrequenz nicht zu schnell ansteigt.

Tabelle 3: Testprotokoll (Belastungsschema WHO)

	Minuten	Watt	Herzfrequenz in S/min
Stufe 1	0-2	25	116
Stufe 2	2-4	50	122
Stufe 3	4-6	75	131
Stufe 4	6-8	100	139
Stufe 5	8-10	125	158
Stufe 6	10-12	150	-
Stufe 7	12-14	175	-
Stufe 8	14-18	200	-

- Eingangsbelastung: 25 Watt
- Stufendauer: 2 Minuten
- Pulsobergrenze nach der WHO: 180-LA S/min (Rost, 2002, S.57). Anmerkung: 158 S/min
- Belastungssteigerung: 25 Watt
- Trittfrequenz: 60-80 U/min

Ergebnisbewertung:

Der Test beginnt mit einer Belastung von 25 Watt und wird nach jeder fertiggebrachten Stufe um 25 Watt erhöht. Dabei wird die Herzfrequenz der Testperson gemessen und protokoliert. Es wird ebenso auf die Einhaltung der festgelegten Trittfrequenz von 60-80

U/min geachtet. Nach der fünften Stufe wurde der Test abgebrochen, da die Pulsobergrenze von 158 S/min erreicht ist.

Nach dem Vergleich der Relativen Watt-Soll-Leistung und der Normwerte der unter 30-jährigen Frauen (IPN, 2004, S. 8), ergibt sich ein Wert von 2,26 Watt pro Kilogramm Körpergewicht. Dieser Wert ist als leicht überdurchschnittlich zuzuordnen und ist wahrscheinlich auf das Zirkeltraining oder Joggen zurückzuführen.

1.3   Gesundheits- und Leistungsstatus der Person

Da anfangs bei der Erfassung der biometrischen Daten gute Werte angegeben wurden, ist die Testperson als gesund einzustufen. Der Fahrradergometertest ergab ebenso ein gutes Ergebnis, welches leicht überdurchschnittlich ist. Somit gelten keinerlei Einschränkung für die weitere Trainingsplanung.

Da die Testperson das Joggen bevorzugt, wird der Mesozyklus auf ein regelmäßiges sowie pulsgesteuertes Laufen ausgelegt.

Dadurch können auch die angegebenen Ziele, wie die Senkung des Ruhepulses und die Verbesserung der Ausdauer, erreicht werden.

2   Zielsetzung/Prognose

Tabelle 4: Zielsetzungen

Inhalt	Ausmaß	Zeit
Senkung des Ruhepulses	5 S/min	2 Monate
Senkung des Blutdrucks	10/5 mmHg	3 Monate
Gewichtsreduktion	5 kg	3 Monate

Begründung der Zielsetzung:

Senkung des Ruhepulses → Der Ruhepuls der Testperson befindet sich mit 75 S/min im Normwertbereich (AHA, 2016). Jedoch soll dieser Wert gesenkt werden, um die Gesundheit zu erhöhen und um das Herz ökonomischer schlagen zu lassen. **Senkung des Blutdrucks** → Der Blutdruck der Testperson befindet sich mit 134/88 mmHg ebenso im

Normwertbereich. Jedoch soll dieser Wert in Systole und Diastole gesenkt werden, um das Risiko eines möglichen Herzleidens zu verringern.

Gewichtsreduktion → Bei der Relation zwischen Gewicht und Körpergröße der Testperson ist zu erkennen, dass die Testperson Normalgewichtig ist. Um sich jedoch wohler zu fühlen strebt die Testperson eine Gewichtsreduktion von fünf Kilogramm an.

3   Trainingsplanung Mesozyklus

3.1   Grobplanung Mesozyklus

Tabelle 5: Grobplanung Mesozyklus

Dauer	6 Wochen
Trainingsziel	Aufbau der Grundlagenausdauer 1, Fettsoffwechseltraining
Trainingsumfang pro Woche (in Stunden)	3 Stunden
Trainingsmethoden	Extensive DM Intensive DM Variable DM
Belastungsintensitäten	50-60% Hfmax (regenerativ) 60-75% Hfmax (extensiv) 70-85% Hfmax (variabel) 80-85% Hfmax (intensiv)
Trainingshäufigkeit pro Woche	3-mal
Trainingsdauer in Minuten	40 min (regenerativ) 60-90 min (extensiv) 30 min (variabel) 45 min (intensiv)
Bewegungsform/ Ausdauergeräte	Laufen/ Laufband

3.2   Detailplanung Mesozyklus

Tabelle 6: Mesozyklus 1. Woche

	Montag	Mittwoch	Freitag
Trainingsziel	GA 1	GA 1	GA 1
Trainingsmethode	Exten. DM	Exten. DM	Exten. DM
Trainingsintensität	50-60% Hfmax	50-60% Hfmax	50-60% Hfmax
Trainingsherzfrequenz	99-118 S/min	99-118 S/min	99-118 S/min
Trainingsdauer	30 min	35 min	40 min
Trainingsgerät/Bewegungsform	Laufband	Laufband	Laufband

Tabelle 7: Mesozyklus 2. Woche

	Montag	Mittwoch	Freitag
Trainingsziel	GA 1	GA 1	GA 1
Trainingsmethode	Exten. DM	Exten. DM	Exten. DM
Trainingsintensität	50-60% Hfmax	50-60% Hfmax	50-60% Hfmax
Trainingsherzfrequenz	99-118 S/min	99-118 S/min	99-118 S/min
Trainingsdauer	40 min	50 min	60 min
Trainingsgerät/Bewegungsform	Laufen	Laufband	Laufen

Tabelle 8: Mesozyklus 3. Woche

	Montag	Mittwoch	Freitag
Trainingsziel	GA 1	GA 1/2	REKOM
Trainingsmethode	Exten. DM	Variable DM	Extens. DM
Trainingsintensität	50-60% Hfmax	70-85% Hfmax	50-55% Hfmax
Trainingsherzfrequenz	99-118 S/min	130-156 S/min	99-118 S/min
Trainingsdauer	45 min	30 min (5:5)	50 min
Trainingsgerät/Bewegungsform	Laufband	Laufband	Laufen

Tabelle 9: Mesozyklus 4. Woche

	Montag	Mittwoch	Freitag
Trainingsziel	GA 1/2	GA 1/2	GA 1
Trainingsmethode	Variable DM	Intensive DM	Exten. DM
Trainingsintensität	70-85% Hfmax	80-85% Hfmax	50-55% Hfmax
Trainingsherzfrequenz	130-156 S/min	158-167 S/min	99-118 S/min
Trainingsdauer	40 min (5:5)	35 min	40 min
Trainingsgerät/Bewegungsform	Laufen	Laufband	Laufen

Tabelle 10: Mesozyklus 5. Woche

	Montag	Mittwoch	Freitag
Trainingsziel	GA 1/2	GA 1/2	GA 1
Trainingsmethode	Variable DM	Intensive DM	Extens. DM

Trainingsintensität	70-85% Hfmax	80-85% Hfmax	50-55% Hfmax
Trainingsherzfrequenz	130-156 S/min	158-167 S/min	99-118 S/min
Trainingsdauer	45 min (5:5)	35 min	65 min
Trainingsgerät/Bewegungsform	Laufen	Laufen	Laufband

Tabelle 11: Mesozyklus 6. Woche

	Montag	Mittwoch	Freitag
Trainingsziel	GA 1/2	REKOM	GA 1/2
Trainingsmethode	Intensive DM	Exten. DM	Intensive DM
Trainingsintensität	80-85% Hfmax	50-55% Hfmax	80-85% Hfmax
Trainingsherzfrequenz	158-167 S/min	99-118 S/min	158-167 S/min
Trainingsdauer	45 min	80 min	45 min
Trainingsgerät/Bewegungsform	Laufen	Laufband	Laufband

3.3   Begründungen zum Mesozyklus

Wöchentlicher Belastungsumfang:

Da für die Testperson die Verbesserung der Grundlagenausdauer und der Fettstoffwechsel im Vordergrund stehen, werden ab der vierten Woche die Trainingseinheiten über 60 min eingeplant. Da es erst ab 60 min zu einem positiven Effekt im Fettstoffwechseltraining kommen kann. Für eine dauerhafte Verbesserung der Ausdauer ist ein Training, mit der Bewegungsform laufen, von drei bis viermal pro Woche zu empfehlen (Neumann et al., 2011, S. 25f.).

Ausgewählte Trainingsmethode:

Die extensive Dauermethode eignet sich gut für untrainierte Personen, wie die Testperson. Den durch die vorher festgelegten Zeiten ist sie leicht umsetzbar. Zur Entstehung der Grundlagenausdauer ist die extensive Dauermethode das grundlegende Hauptmerkmal. Das entscheidende hierbei ist nicht das Tempo, sondern das die richtige Herzfrequenz eingehalten wird (Haber, 2009).

Um den Kohlenhydratstoffwechsel zu aktivieren wird die intensive Dauermethode angewendet, denn sie erhöht die Ausschüttung des Zuckerspeichers. Jedoch ist diese Trainingsmethode nur für eine kurze Zeit möglich, da es zu einer schnellen Entleerung des Glykogenspeichers führt, welches jedoch relevant ist, um an Körpergewicht zu verlieren. Bei dieser Methode befindet sich das Training im Bereich der anaeroben Schwelle. Bei der intensiven Dauermethode ist das Ziel die Adaption von Typ-2A-Muskelfasern, diese nutzen den glykolytischen Stoffwechsel um eine größere Menge ATP bereitzustellen.

Die variable Dauermethode ist die Kombination der extensiven und intensiven Dauermethode. Diese Trainingsmethode dient dazu den Körper auf die Belastung vorzubereiten. Und durch den Wechsel der Intensitäten, wird die Fettverbrennung angeregt (Weineck, 2007).

Belastungsprogression:

Um die optimale Herzfrequenz beim Laufen ableiten zu können, dient die Formel 220-Lebenalter (LA).

Im Gesundheitsorientiertem Training sollte eine Intensität von 50-70% der maximalen Leistungsfähigkeit erreicht werden, um einen Effekt erzielen zu können. Die Belastungsintensität eines gesundheitsorientierten Trainings sollte im aeroben Stoffwechselbereich liegen, um eine Erhöhung von über 2mmol/l des Laktatspiegel im Blut nicht zu überstreiten.

Für einen Leistungssportler sollte jedoch die Intensität bei etwa 55-85% der maximalen Herzfrequenz liegen. Je nach Gesundheitszustand und Trainingsziel des Sportlers.

Angesteuerte Trainingsbereiche:

Im aeroben Bereich muss mit niedriger bis mittlerer Belastung gearbeitet werden, um so Fette und Glykogen abzubauen, diese kurbeln den jeweiligen Stoffwechsel an. Diese Form eignet sich vor allem für das Ziel der Gewichtsreduktion. Auch die Grundlagenaus-

dauer 1 wird somit trainiert und das Schlagvolumen pro Minute verringert. Da bei stei-
gernder Belastung die Muskulatur mehr Sauerstoff braucht, steigt der Anteil des Kohlenhydratstoffwechsel für die Energiebereitstellung und der Fettstoffwechsel sinkt. Das
Herz- Kreislaufsystem ist nun nichtmehr in der Lage genügend Sauerstoff für die Muskulatur bereitzustellen, somit ist der Körper in der anaeroben Energiebereitstellung.

Nun steigt die Laktatkonzentration im Blut an und der Laktataufbau ist höher wie die
Menge an Laktat die abgebaut werden kann. Dies nennt man auch maximales Laktat-
Steady-State. Dies fördert und verbessert die Grundlagenausdauer 2 und die Ausdauer-
leistung (Schurr, 2011, S. 19).

Ausgewähltes Trainingsgerät/ Bewegungsform:

Da die Testperson das Laufen bevorzugt, wurde diese Bewegungsform ausgewählt. Auch
ist das Laufen die natürlichste und einfachste Bewegungsform. Da beim Laufen ein hoher
Teil der Skelettmuskulatur beansprucht wird, kommt es zu einem hohen Kalorienver-
brauch, was dem Ziel der Gewichtsreduktion der Testperson entgegenkommt. Das Laufen
verbessert auch die Körperfunktion und senkt den Blutdruck durch den cardiopulmonalen
Effekt und steigert die Leistungsfähigkeit des Körpers (Aderhold & Weigelt, 2012, S.
2ff.).

4   Literaturrecherche

Tabelle 12: Literaturrecherche: Effekte des AT bei Übergewicht/Adipositas

	1. Studie	2. Studie
Wer	S. Ziroli und W. Döhring	Anagnostou, V, und Schaar, B
Jahr	2003	2010
Forschungsfrage	Können Schulen mit mehr Bewegungsfreundlichkeit zur Abnahme von Adiposi-tas im Kinder- und Ju-gendalter beitragen?	Wie wirkt sich ein extensi-ves Ausdauertraining von über 26 Wochen auf den Grundumsatz von schwer-gewichtigen Frauen und Männern aus?

Versuchspersonen	Es wurden 1427 Schüler und Schülerinnen im Alter von 6 bis 13 Jahren, aus 31 Schulen in Berlin, zufällig ausgesucht. Auch sechs sportbetonte Grundschulen wurden ausgewählt.	Es wurden insgesamt 30 schwergewichtige Frauen und Männer, zwischen 18 und 45 jahren, untersucht. 16 Frauen und 14 Männer. Die Auswahl der Proban-den erfolgte auf ein zuvor festgelegtes Einschlusskri-terium: - BMI >/= 40 - Kein unkontrollierter Blutdruck - Keine Einnahme von Psychopharmaka - Keine orthopädischen Ekrankungen - Keine akute koronare Herzerkrankung
Versuchsaufbau	Untersucht wurden Schü-ler der 1. bis 6. Klasse, aus sportbetonten und nicht sportbetonten Schulen. Von allen Schülern wurden die BMI Werte ermittelt und mit einer Referenzliste der Arbeitsgemeinschaft Adipositas im Kindes- und Jugendalter verglichen. Diese Werte wurden mitei-nander verglichen und aus-gewertet.	Alle Probanden trainierten über einen Zeitraum von 26 Wochen mit insgesamt 16 Einheiten (3-mal die Woche) für je 45 bis 60 min. Es wurde ein extensives, submaximales Ausdauer-training mit der Intensität von 65-75% VO2max mit den Probanden durchge-führt. Es wurden aerobe Bewegungsformen ge-wählt: Nordic Walking,

		Schwimmen, Radfahren, Aquajogging, Funktionsgymnastik. Um die Testpersonen von der Fremdsteuerung zur Selbststeuerung zu motivieren, wurde ab der 4. Woche die Anwesenheit der Personaltrainer eingeschränkt.
Ergebnisse	Es wurden 76 adipöse Kinder festgestellt, sowie 81 untergewichtige Kinder. 1146 Kinder der 1427 untersuchten Kinder, konnten als normalgewichtig eingestuft werden. Aus den sportbetonten Grundschulen sind 11,4% der Kinder als übergewichtig bis adipös einzustufen. Die Kinder aus den nicht sportbetonten Grundschulen sind zu 17,8% übergewichtig bis adipös einzustufen.	Bei allen Testpersonen kam es zu einer Reduktion des Körpergewichtes. Jedoch kam es nur bei den Männern zu einer Senkung des Grundumsatzes. Auch die Sauerstoffaufnahme der Männer konnte sich deutlich verbessern.
Schlussfolgerung	Allseitig betrachtet zeigt diese Studie, dass ein Zusammenhang zwischen Gewicht und Sport besteht.	Zusammenfassend betrachtet beweist die Studie einen großen positiven Effekt von Ausdauertraining bei Schwergewichtigen Personen.

	Sportliche Aktivität beeinflusst das Gewicht und den Gesundheitszustand.	

5 Literarturverzeichnis

Aderhold, L. & Weigelt, S. (2012). *Laufen!.* Stuttgart: Schattauer

American Heart Association (2016*). All about heart rate pulse.*

American Heart Association (2016). *The facts about high blood pressure.*

Anagnostou, V. & Schaar, B. (2010). *Effekte beim Grundumsatz nach einer Körpergewichtsreduktion durch extensives Ausdauertraining bei schwergewichtigen Frauen und Männern.* In: Gesundheit in Bewegung: Impulse aus Geschlechter perspektive, Bd. 32. (163-169). Sankt Augustin: Academia.

Berbalk, A., Neumann, G., Pfützner, A. (2011). *Optimiertes Ausdauertraining* (6., überarbeitete Aufl.) Aachen: Meyer & Meyer.

Döring, W. & Ziroli, S. (2003). Adipositas- kein Thema an Grundschulen mit Sportprofil? Gewichtsstatus von Schülerinnen und Schülern an Grundschulen mit täglichem Sportunterricht. *Deutsche Zeitschrift für Sportmedizin*, 54 (9), 248-253.

Haber, P. (2009). *Leitfaden zur medizinischen Trainingsberatung.* Wien: Springer

Weineck, J. (2007). Optimales Training. Leistungsphysiologische Trainingslehre unter Berücksichtigung des Kindes- und Jugendalters (15. Aufl.). Erlangen: Spitta.

Institut für Prävention und Nachsorge. (2004). *IPN-Test® – Ausdauertest für den Fitness- und Gesundheitssport.* Köln: Institut für Prävention und Nachsorge (IPN).

Rost, R. (Hrsg.). (2002). *Lehrbuch der Sportmedizin*. Köln: Deutscher Ärzte-Verlag.

Schurr, S. (2011). *Hochintensives Intervalltraining im Ausdauersport*. Norderstedt: Books on Demand GmbH.

6   Tabellenverzeichnis